JN440168

금붕어 학교 선생님은 반딧불이

유병만 시집

문학의전당 시인선
348

금붕어 학교 선생님은 반딧불이

유병만 시집

문학의전당

시인의 말

아이 미래를
어른 손으로 만질 수는 없다.
아이 스스로 가야 하는 길
그 봄날의 길목에 서서
모든 부모는 잠시
파수꾼 노릇을 할 뿐이다.
혼자 걷는 아이는 제 이정표를
스스로 바꿀 줄 안다.

2022년 2월
유병만

차례

제2부

제3부

제4부

제5부

제1부

십 년 동안 모은 핑계

날마다 시 한 편씩 쓰고
해마다 시집을 서너 권씩 내자고
앙다문 새해 결심은 꽃에 홀려
봄날을 낭비하고
아이들 무지개를 덧칠해주다가
여름날을 낭비하고
이것도 빛깔이 있는 문장이구나
단풍잎을 주워 읽는 가을,
어느새 첫 눈송이 흩날려 가슴은
쿵쿵 뛰는데
다시 보니 어라? 어라?
팔랑대며 내려앉는 흰나비라네

가위바위보

그믐밤에 만난 달맞이꽃과 나는
그리움을 벗어던지기 가위바위보
길거리에서 싸우는 저 젊은 남녀는 서로의
미움을 홀랑 벗을 때까지 가위바위보

오늘도 친구와 술 한 잔 마실까 말까
어제처럼 샛별 아래에서
내 오른손과 왼손이 가위바위보

한 발짝씩 더 다가가기 가위바위보
가슴과 가슴이 닿을 때까지
숨결이 하나로 섞일 때까지
남과 북이 가위바위보

텃밭 나팔꽃

곳간에 걸어두었다가
내년 봄에 씨 받을 거라고
아내가 큰 가지를 땄을 뿐인데
치마폭에 담았을 뿐인데
나팔꽃들이
알나리깔나리, 알나리깔나리
동네방네 소문을 낸다
눈으로 바라보아야 들려주는
꽃들의 소리
땄다 땄다 골라서 큰 가지를 땄다
울타리 위에서
저희들 나팔을 자랑 중이다

정글에서 온 풍경

베트남 며느리가 순산했다는 읍내 전화에
논두렁이 파랗게 깨어나고 있다
노인의 호흡이 불규칙해지고 완만하게 달라붙어 있던 들판이 뚝 떼어진다
잠시 주춤하던 족보의 한 갈래가 생기를 되찾고
상속되어져야 할 땅의 분량이 새로운 식량을 서두른다
그 압력을 견디지 못한 혼잣말이 논두렁을 가로지르던 바람에 베어 물리고
들녘 한 켠이 툭 닫힌 핸드폰 밖에서 곰곰이 쭈그려 앉는다
지난 시절은 불임의 푸르름이었다
지난 날들은 불안한 가계였다
일찍 여문 씨알 몇 훑으려다가 부주의한 손가락이 주춤 열리고
갈 길 바쁜 소나기가 허릴 낮게 구부려 담배 내음 짙은 안쪽까지 적신다
문득, 월남전에서 아뿔싸
그 옛날 그 땅에 고엽제를 뿌렸던 기억을 떠올리자
노인의 숨결이 노랗게 말라버린다

의족을 짚지 않으면 일어서지 못하는 기억들을 챙기려는 듯
낮게 기어 다니던 소나기가 더운 열기의 정수리 위로 떠밀리고
웅크려 있던 호흡을 힘껏 곧추세운다
며느리가 온 후
집안의 날씨가 더 따뜻해진 것도 태양을 혼수품으로 가져왔기 때문임을,
논두렁에 묻어두었던 걱정을 가로질러 읍내로 빠르게 달려간다

오이와 속옷

막걸리 생각이 나면
넝쿨 사이에서 고개를 내민 오이가 먼저
나를 안주 삼아 한 잔 하세요
배시시 알은체를 한다
얇은 속옷 하나를 아내 모르게
텃밭에 걸어놓는 이유다
달빛 같은 속옷을 구경하며
쑥쑥 밤에 크는 오이
해가 뜨면
토마토가 빨개진다

오일램프 예찬

네온 불빛을 모두 끄고
아이들 창가에 오일램프를 켜놓으면
반짝반짝
반딧불이 돌아올 거야

멀었던 은하수가
아이들 창가에 내려와 졸졸졸
물소리를 낼 거야

은은한 불빛
그것이 너와 나, 우리의
환한 사랑이니까

문장의 외출

1.
홑창에 낀 성에를 문장에 담고 싶었지만
신혼의 사글세방에 엎드려 글을 끼적거릴 강심장의 사내가
몇이나 있겠어
종이 가득 문장을 길어 올린 새벽엔
온 세상이
물바다이곤 했지

2.
중동 사막을 택한 건 그 때문이었어
컹컹 짖어대는 태양이 그곳엔 있었고
어린 왕자의 행방을 아는 사막여우를 만났으니까

일렁이는 신기루 사이로 낙타를 따라갔지만
너무 뒤늦게 발견한 오아시스
꼬박꼬박 송금해야 했던 목마른 날들이었지

3.

오늘도 익숙한 잔소리는 내 문장들을 집 밖으로 쫓아내지
공원의 비둘기며 매점 위에 뜬 핼쑥한 낮달과
도대체 무슨 사업을 하라는 것인지
집에 돌아올 땐 사골 한 덩이를 꼭꼭 챙겨야 해
며칠 동안은 잔소리가 폭 고아질 거라는 착각을 하며

친구야, 너도 다시 피우니?

흙범벅 땀범벅으로 훈련소 연병장에 굴려놓고
오 분간 휴식!, 담배 일발 장전!
공짜로 화랑담배 내밀어 내 청춘을 중독 시킨
아, 아, 내 조국
머슴마다 속 썩이는 파란 기와집 앞을 지날 때도
나무망치로 탕탕탕 겁을 주는 법원 청사 앞을 지날 때도
하물며 국회의사당 앞을 지날 때도 꾹꾹 참았는데
친구야, 너도 다시 담배 피우니?
유모차 타고 광장에 나타났던 아기, 고사리 손에 든 그 촛불이
행여나 태극기로 옮겨붙을까 봐
그날부터 나도 이 세월을 꾸역꾸역 삼키는 중이야
가슴이 홀라당 다 타기 전에 우리 만나서
마스크 벗은 희망을 한 잔씩 마실까?

독도는 호랑이 발톱이에요

어른들이 미사일 꽁무니에 불을 붙일 때
지우개 없는 마음으로 우리는 호랑이를 그렸어요
허리에서 지뢰가 사라졌다며 기지개를 켜는
한반도라는 호랑이지요
남쪽 바다 멀리 꼬리 끝을 내밀었듯
동쪽 바다에 내민 바위섬이야말로 내 발톱이라고
이웃나라 벚꽃이 건드리면 으르렁거려요
노란 모자를 쓴 우리들이 남과 북을 오가며
손잡고 아리랑을 부르면
아침저녁 타고 내리는 노란 버스는 정말이지
길고 긴 아리랑열차가 되는 거예요
북극곰을 만나러 여름방학 때 달려가고
망고 익는 열대나라에서 철길 위로 달려오면
눈송이 날려 마중하는 호랑이지요
귀를 기울여 들어보세요
지구촌을 마음껏 오가는 아이들이 무궁화라며
어흥, 어흥, 사계절을 웃고 있어요

친애하는 푸들 동지여

민심 떠난 하늘만 골라
봉황이 날아다닌다는 소문을 향해
멍, 멍, 참견했다가
안주인에게 비염을 유발시킨다는 누명을 쓰고 끌려간
애견미용실
털 무심히 깎여지는 삶은 눈보라 사나운 계절에 힘들다
몸을 떠는 눈동자엔 언뜻언뜻 내 젊은 날이 기대었던
야자수가 푸른가
먼지 없는 여권 앞에서 꼬리 흔드는 거라면
털 코트 자랑하는 안주인을 떠나
열대밀림의 오두막을 망명지로 삼아도 좋을 나이다
용서하자
꿈을 만나게 하려고 꿈속의 이정표가 될 줄 아는
하얗고 작은 푸들 동지여
제 과녁을 맴돌다 되돌아오는 원망 대신
함께 비행기에 올라 누명을 벗자
대추야자처럼 익어갈 세월, 비염 걸린 전화가 조국에서 올 때마다

그리움 안에 멍멍
저 눈보라를 담자

속죄하는 방법

첫사랑 입술에 닿으려고
그 많은 장미꽃을 꺾은 죄
발가벗은 사막에서
흐느끼는 유정(油井)을 길어 올리고
부릉부릉 속력을 낭비해온 죄,
이제는 차를 두고 먼 길 걸어가
장미꽃을 만난다
꽃을 꺾지 않고
내 그리움이 웃을 만큼만
빛깔을 얻는다

인어가 우는 밤

젖도 안 뗀 어린 시(詩) 둘을
마음의 눈이 먼 어른들 도시로 입양 보냈느냐고
유모 노릇을 하는 인어가 운다
생일날 선물한 거울도 퉁퉁 분 인어 젖 앞에서
덩달아 우는 밤
살림살이 보러 온 보름달은 창밖에 있는데
달맞이꽃들은 '달 맞은 꽃'이 되어 웃는데
손수건만 하게 달빛을 오려 인어에게 내미는
내 영혼은 몇 살인가, 왜 수컷의 자궁으로
탯줄 달린 시(詩)를 낳을까
추운 바닷가에서 사막으로 해를 쬐러 왔다가
내 땀방울만큼 웃던 인어
달빛 젖도록
한 지붕 아래에서 울고 있다

별을 부치다

늦은 밤
텔레비전을 끄고 베란다로 나가
별들을 켠다
긴 세월 매만지지 않은 기억들이 되살아나고
어린 시절의 나를 졸음으로 이끌던 별자리의 이름을 부르자
며칠 전 누이가 생각난다
자신의 별은 우물 속에 있었노라고, 그러나
이사와 이사 속에서 잃었노라고 눅눅한 하소연이 되살아난다
뿜어내는 하얀 입김이 추억 저편으로 번져가는 동안에도
어둠 저쪽의 유년은 느린 속도로 계절을 몰아오고
이럴 때 나는 어린아이처럼 가슴이 마렵다
잃어버린 시간들이 마렵다
누이의 창문에 기대었던 별들과
악몽을 두려워하며 어머니의 젖가슴을 파고들던 내 안의 별들은
지금쯤 어느 도시를 미라인 듯 떠돌고 있을까
이제는 가꾸어도 자라지 않을 어둠 저편의 유년

처녀별자리를 더듬어 별을 고른다
누이의 귓불에 매달려 먼 도시에서 귀걸이로 살아가야 할
작은 별 두 개를

도돌이표 사랑을 하자

어제의 네 이름이지만
오늘은 새로운 입맞춤을 하는 거야
비구름이 물러갔으니 햇빛 냄새를
네 머릿결에서 맡는 거야
입술은 늘 순간에 젖는 선율인 것을,
낯익은 숲을 향해 첫날인 듯
손잡고 걸어가는 가쁜 숨결
함께 훔친 뻐꾸기 알을
뻐꾹뻐꾹 부화시키는 내 알몸에
저녁노을을 걸치면
네가 부르는 노래는
영원한 오늘이 되는 거야

풋내

파릇해지는 곁순을 따 코에 대면
어릴 적 소꿉 소녀 풋내가 난다
농익다 못해 썩어가는 것들이 목소리를 높이고
여기저기서 의기양양 활보하는데
풋내로 기억하는 소꿉 소녀는 오로지
가느다란 목
버짐이 핀 볼우물
도톰한 입술로만 속삭인다
희망은 함부로 익지 않아
내일 모레 그글피가 되어도
우리는 그냥 꽃
이대로 떫은 열매야

하늘 페이지

밤새 낳은 시(詩)의 배내똥은 시큼해서 좋아라.
새벽을 구겨 밑을 닦아주는 이유로
세계는 깨어난다. —시인은 이제 자신을 향해
잠의 올가미를 스르륵 당긴다. 시(詩) 속의
첫 태양이 온종일 침대를 따라다니고
저녁노을을 열고 나와 달빛으로 양각되는 활자들
어두워질수록 자음과 모음은 환해져 또렷해지고
출렁출렁 내려오는 우리 한글의 향기
세계가 고개 들어 밤하늘을 킁킁 읽는다.

제2부

지구 청소하는 날

만년설이 다 녹아 들썩거리는
북극 산맥을 지그시 눌러주고
옮긴 바닷물 안에 임신한 물고기를
먼저 풀어놓는다
드러난 바다 밑바닥 곳곳에 나뒹구는
녹슨 전함과 미사일과 전투기들
조심스레 모아
분리수거함에 차곡차곡 눌러 담는데
꿈인 듯 귓가에 들려온다
온종일 내려다보던 어린 천사가
천국 문을 쿵 닫는 소리
안에서 철커덕 걸어 잠그는 소리

오일램프 계시록

1.
바다가 증발할수록 드러나는
고래들의 뼈
끓기 시작한 플라스틱 섬, 헐떡이는 비둘기가
곯은 알을 품고 있다

인적 끊긴 빌딩 창문을 드나들다가
녹아 흐르는 아스팔트 위로 떨어져 내려
검은 비닐처럼 버둥대는 까마귀들

그리고 비행기 날지 않아 구름이 붕괴되는
저기 활주로에는……

2.
오일램프가 보여주는 대로 밤새 끼적이던 나는
새벽 창문을 연다
미래를 바꿀 시간이 오늘 남아 있다며
숲을 나와

도시를 읽으며 다가오는 봄바람
첫날인 듯 내 이마를 만진다

함께 가는 들녘

들녘은 땀을 알아준다는 농사꾼 친구에게
논에 꼬물대는 미꾸라지 필체를 빌린 나는
덩달아
농약이 없는 글을 써본다

모내기로 파릇한 느낌표들 사이로
청개구리 참개구리 금개구리 모여 개골개골
짝을 부르고
느릿느릿 쉼표가 된 우렁이가
새참 때의 여백을 묻는다

무당벌레 곁에서 가득하고 갸륵해지는
풀벌레 노래를 따라 마침표는 가을 해였다
풀썩풀썩 바빠지는 메뚜기들만큼

해마다 애독자는 늘고 있다
아이들이 찾아와 들녘을 펼쳐 웃고 훨훨
학이 날아와 서로를 읽는다

결혼의 노래

그날 당신의 달 아래 첫 혈흔을
떨며 보았다

기억 너머 눈물샘이 찻잔 사이에 반짝이는
뭇별일 수 있다니
창을 넘어오는 봄비 소리는 어느 산맥을 휘감아 돌아와
강의 눈시울로 알리려는 체온일까
떠나보낸 눈보라가 잠으로 가지 못하고
은하수로 바뀌어 흐르듯
풀벌레들이 찻잔의 앙금에 내려놓는 노래는
얼마나 찬란한 외길인지,
다시 돌아갈 수 없어 깊은 곳을 탐방거리는
저 눈짓에 기대야 할 목마름이 차오른다
그 기억들이 다시 열리는 듯
우우 거세지는 빗소리로 구름을 벗는

이 밤,
달은 둘이다

부부는

나란히 가는 전깃줄이더군, 양극과 음극이더군
한 추억이 아니어서 늘 필요한 긴장감
신뢰와 믿음만큼 팽팽한 간극이 필요하더군
합선이 되면 펑, 불꽃으로 끝나니까
서로의 심장인 듯
서로의 가슴 안에 평생 지녀야 할 변압기 하나
세월이 깜깜해 낮았던 전압을 서서히 올리면
어느새 행복이 환해져

여보!
당신!

사랑 연습

낯선 버스정거장에 서 있는 남녀
누가 울고 있는가
바람 불어와 한쪽 볼을 가리는 긴 머릿결
버스 한 대를 여름처럼 보내고
긴 한숨과 눈짓을 보내고
서로 외면한 입김을 밤 버스에 실어 보내고
불빛에 쓸려온 낙엽 하나를 서로 주우려다
닿는 손
또 닿는 입술

버스는 다시 떠나고 오래전에 도착한
침대가
다시 출렁거린다

탕탕, 고양이놀이를 할 거예요

몇 년에 한 번씩 투표함에서 쥐를 꺼내놓는 어른들
저녁 아홉 시 뉴스를 보며
“저, 저, 못된 것들!”
가슴을 치며 술 마신다는 거 다 알고 있어요
그래서 또래 아이들과 고양이놀이를 하기로 약속했어요
탕탕 한바탕 국회의사당에서 쥐 사냥이 끝나면
우리가 만든 영리한 로봇들이
꿈을 갉아먹고 곳간을 축내는 쥐들 대신 의석에 앉아
누구나 고개를 끄덕이는 법을 만들 거예요
주말이면 국회의사당 잔디밭에 아이들이 뛰어놀고
광장마다 희망 노래가 울려 퍼지는 그날
이순신 장군과 세종대왕이 미소 지으시는 그날
시인 할아버지는 날마다 껄껄, 큰소리로 웃으세요
껄껄껄, 술 끊으세요

에덴아파트 아이들

장맛비 그치자 창문을 여는 아이
아파트 지을 때 골리앗크레인이 고장 낸 무지개를
방긋 고쳐놓는다
"목장 젖소가 만드는 지구 온실을 사양합니다"
젖 먹이는 엄마들 스스로 에덴이라 부르는 아파트
일회용 종이 기저귀를 숲이라고 말하는 아이들 때문에
층층 베란다엔 빨래한 천 기저귀가 내걸린다

"두고 봐! 길 건너 독신자 아파트는 납골당이 될 거야"

햇빛처럼 뛰어노는 아이들
나무 아래 풀꽃에게 어디서 왔느냐고 묻던 소녀가
흔들리는 놀이터 그네를 즐거운 시계추라고 부른다
하여 시간이 문득 멈추어도 이상할 건 없다
천 기저귀가 다 마를 때까지
해는 서쪽 하늘에서 머문 듯 빛나고
놀이터에 내려앉는 비둘기 한 쌍이 낯익다

직녀와 나비

옥수수에 가려진 텃밭 수돗가
수돗물을 튼 김에
직녀가 내려와 몸 씻는 소리를 들어야 한다
기다리던 칠월칠석일 텐데
천체망원경은 늘 은하수를 지켜보고
세상 강가마다 불빛이 환해
해마다 직녀가 내려와 들려주는 저 물소리
시들시들했던 내 세월도 흠뻑 젖는다
오작교 건너려고 겉옷만 걸친 채
서둘러 하늘로 돌아가는 직녀
옥수수 사이에 숨겨놓고 간 작은 속옷은
며칠째 나비가 되고
호미 들고 며칠째 따라다니는 내 눈길은
견우인 듯 팔랑거리고

몰래한 사랑

온종일 눈이 내려 텃밭에 쌓인다
민들레 씨
씀바귀 씨
엉겅퀴 씨앗들이 저 하얀 이불을 덮고
새근새근 잠을 자는 것이다
미리 엿보는 씨앗들의 꿈속에서
어른인 나는 붕붕대는 수벌 한 마리
얼음장 같던 애인은
어느새 꿈속의 봄꽃이다
상냥하고 향기롭게 아, 아, 흔들린다

꿈 깨어보니 내 입술엔 정말로 비릿한
꿀이 묻어 있다

18홀

침대 위에서 쫓겨나는 저 사내
어떻게 환한 잔디밭 위에서는 굿 샷!
박수를 받는 걸까
짝짝짝! 홀 인!
나도 그런 시(詩)를 쓰고 싶은데
욕심은 홀을 에둘러 멀리 굴러가고
약한 마음은 홀을 앞에 두고 우뚝 멈추네
이토록 내 문장이 애매모호하다면
내 나이를 양손에 가볍게 거머쥐고
가까이 온 블랙홀을 생각하는데
오늘도 주어지는 공은 왜 하나뿐일까
어제처럼 눈앞에서 아른거리는
오늘 안개여

둥글고 푸른 집

창문으로도 사랑이 들어온다지만
자주 돌보지 않으면
현관문을 열고 달아나더군요
둥글고 푸른 집에 그대와 나
누구나 살고 있지만
사람과 사랑을 분간할 줄 아는 손님은
어느 날 문 밖에 서서
“집 안에 누가 있나요?”
하나뿐인 현관문을 두드리지요
“하늘나라에서 데리러 왔어요!”
딩동! 딩동!
초인종을 누르지요

후쿠시마 결혼식

기억을 연주하며 별들이 내려오고
면사포를 벗자 되살아나는 울음소리
돛 올린 항해 위에서
새치름한 초승달이 나침반을 내던진다

하객들은 서둘러 떠났으니
연미복을 벗고 텀벙 내리는, 너무나 무거운
망각이라는 닻!

폭풍이 몰려온다 출렁출렁 등대를 향해
얼굴 없는 아기가 운다

첫사랑

나무울타리 사이로 소녀 이름을 부르면
강변 모래는 밥
앵두는 사과로 변했지
뒷간이 무섭다며
마당 두엄자리로 나를 불러내던
동갑내기 여섯 살 소녀
내 손에 든 램프 불빛 앞에서
짧은 치마 올리고 쪼그려 앉아
쉬
쉬
내 색시가 될 거라던 댕기머리 약속이
바람이 차가운 밤
초승달로 떠 있네

미소 시인이 데려온 감나무

산골짝 비탈밭으로 미소 시인*이 데려온
서너 살짜리 감나무
햇볕 잘 드는 흙 요람에 들이고
눈보라 견딜 보온재로 옷을 입혔지
그늘 드리운 여인으로 키우는 동안
몸살이라도 앓으면
술값 아껴 사온 해열제를 먹여야 했어
돌멩이들이 터줏대감인 비탈밭에서
어느새 푸르러진 몸짓
귀를 씻듯 바람 소리를 부르고
새를 불러 품을 내주는 큰 여인이 된 거야
미소 시인은 여름날 그늘에서
가져온 페이지를 넘기고
발그레한 시월이 되면
하늘이 내려준 탯줄 자르며 웃네

---

*별명이 미소인 박정수 시인.

봄날 손빨래

비누 없이 손빨래를 해야
흐르는 계곡물에게 덜 미안한데
속옷 얼룩은 그래서 남는다
농막 앞 햇빛에 널었더니
지나가던 나비가 속옷 얼룩에 앉는다
골고다 언덕의 바람 빛깔일까
아니면 수도승의 어릴 적 꿈 빛깔일까
어쩌면 사막 예언자의 기억 빛깔인지도 몰라
속옷 얼룩에 앉아 조용하던 나비가
아지랑이 사이로 날아가자
갈아입은 속옷 안에서 놈은 또 소리친다
그녀는 왜 안 오는 거야
제발 나를 꺼내달란 말야!

첫 시집

첫 시집이 얇은 도시락이라면
오일램프를 환하게 켜놓고 나누어주는
출판기념회라도 열어야 도리일 텐데
아무래도
마스크도 안 쓴 채 지구촌을 달리는
인터넷열차 안에서 팔아야 할 것 같다
별빛이 듬뿍 든
새벽 눈물로 간을 맞춘 이 도시락을
조금씩 천천히 드시면서
나날이 행복해지시라고
목이 터져라 외쳐야 할 것 같다
평생 같은 값입니다, 떨이요! 떨이!

제3부

문장 안에 가둔 죄

눈물은 치료제라고
유정(油井)의 상처만큼 그녀는 운다
자신을 읽어주는 사람이 웃으면
나이를 잊은 채 한참을 더 웃는다
길고 지루한 내 문장 안에서 나가고 싶다며
나보다 더 바쁜 그녀
페이지를 넘나들다가 들키면
희뿌연 모래폭풍 같은 시(詩) 말고
차라리 아지랑이 같은 시(詩)를 쓰세요
또 찰랑대는 눈물샘
내 젊은 날
목마름을 마중하던 오아시스가 저랬다
한낮이 되면
해를 담아 이글거리는 눈동자
낙타 등에 오르는 그녀는 맨발이다
달빛 차도르를 입고 있다

초승달 도둑

유모차 운전하는 할아버지는 슈퍼맨이 되고
업어주는 할머니는 슈퍼우먼이 되는 봄날
동네 한 바퀴 도는 동안
삐걱대는 내 무릎에 키득키득 기름을 쳐주더니
공원 그늘에서 유모차와 낮잠을 잔다
벤치에 앉아 덩달아 졸던 나는 카~톡
안드로메다에서 온 문자를 읽는다
유모차 호위할 작은 비행접시 두 대를
방금 전에 지구로 보냈다는 내용이다
도대체 외계인들은 어디까지 알고 있는 것일까
도둑맞은 줄도 모르는 이 도시
손자 방 요람에 훔쳐다 놓은 초승달을 아무래도
대낮 하늘에 되돌려줘야 할 것 같다
낮잠에서 깨어난 손자 유모차 곁에 두 대의
비행접시가 내려앉기 전에

광장 한가운데 변기를 내다놓고

어른 손에 이끌려 큰길로만 가는 아이들
다다른 벼랑 끝에 서서 아이들이 올려다보는
뜬구름, 뜬구름, 황금빛 뜬구름……
내가 여기 있어요! 손을 흔들지만
갈매기도 외면하는 온갖 스펙들
눈물 숨겨 웃고 있는 비슷한 이력서들

그래서 나는
광장 한가운데 변기를 내다놓고
나만의 꽃을 끙, 끙, 눈다
어른 손을 뿌리치고 되돌아와
광장에서 두리번거리는 아이에게
네 마음이 가는 곳으로 네 온몸이 가거라
세상에서 하나뿐인 꽃을 손에 쥐어주고
토닥토닥 등을 두드려 주기 위해

금붕어 학교야, 안녕

빼끔빼끔 노을을 받아먹어도 미꾸라지인 내 몸에는
금빛 비늘이 돋지 않아요, 엄마
그런데도 왜
금붕어 동상이 서 있는 어항 속 학교에 다녀야 하나요?

강물을 헤엄치며 1미터 넘게 자라는 코이(Koi) 잉어는
작은 어항 안에 갇히면 평생 2센티미터만 큰다는데
학원 앞에서 기다렸다가 노을을 먹이는
날씬한 엄마, 꿈속에 들어와 아귀가 되는 금붕어 선생님들을

영영, 여기

풀숲 웅덩이에서 잊을 거예요, 온몸으로 흙탕물을 일으켜
참붕어 소금쟁이 방게에게 내가 누구인지 알렸어요
맑고 거친 물살을 헤엄쳐 오르며
내 노래와 꿈을 내 지느러미로 고를게요 엄마
금붕어 학교 선생님은 반딧불이
늘 금붕어가 정답인 숙제들아 안녕, 안녕

다 닳은 호미처럼

글 쓴답시고 휘날린 내 담배 연기가 먹구름이 된 거라며
장맛비에 주저앉은 상추밭을 쯧쯧쯧 내다보는 아내
저 잔소리를 얼른 콧노래로 바꾸는 묘약을 발명한다면
그가 누구이든
지구촌 사내들의 환호성을 받으며 돈방석에 앉으리라
보슬비 내린다며 전을 부치고 무지개 빛깔 이불을 펴놓던
신혼 방 수줍음은 어디로 간 걸까

상추 대신 잔소리가 웃자라는 도회지 텃밭에서
생거진천 산골짝 비탈밭으로 달려오는 것이다, 졸졸졸 마중
하는
계곡 물소리
암컷 고라니가 누는 달빛도 졸졸졸 소리를 낸다
농막에 들어서자 웅크려 있던 어둠은 기어코 한마디 한다
"또 혼자서 먼 길을 달려온 거야? 쯧쯧쯧!
귀를 막고 살면 다 닳은 호미처럼 여생이 편할 텐데……"

무안 연꽃축제

풍문의 끄트머리 남쪽 땅,
생불 된 당신과 내 하루가 낯설다

매표소에서 바꾼 몇천 원짜리 설렘 안으로
풀썩풀썩 뛰어드는 청개구리 한 마리
그 작은 입에 물든 풀꽃도
우주의 화두 읊조리는 지존이 된다

먼 길 온 이정표를 씻기고 마중하는 청아한 야단법석
연등에 시주 켠 적이 없는 내 기억자리에
홍련 백련이 들어와
태깔이 시큰, 맵다

합장하는 연잎들이
팔월의 중심에서 풀어놓는 장마전선을 따라
빗방울 모시느라 돌쩌귀 삐걱대는 뿌리의 대웅전인데
가부좌 튼 당신과 나는 왜 마음이 젖어오고
자오련(子午蓮)은 왜 저물어도 째깍째깍 환할까

들녘에 솟구쳐 어둑 걸어도
끝없는 수련(睡蓮)의 꿈속인 것을

코로나와 퇴고

어른의 이름으로 지구를 오염시킨 죄
고해성사하는 심정으로 뾰족하게 뼈를 깎았더니
내 펜이다
더운 내 피는 잉크여서
열차 칸칸마다 마스크 쓰고 앉아 있는 문장들을
파릇파릇한 새싹으로 바꾼다
출퇴근 바닥을 새로 칠하고 손잡이마다 설렘을 듬뿍 바른다
멈추지 않고 다시 달린다
일터를 향해 우정을 향해 사랑을 향해 달린다
백신 빛깔 유리창을 뽀드득 닦으며
햇빛 걸친 희망이 함께 달린다
눈부신 입맞춤은 이제 밑줄을 여러 번 그어놓은
맨 마지막 문장에서 시작될 것이다

방긋, 진품명품

높이 올려둔 달항아리를
까치발로 쨍그랑, 떨어뜨린 손자
깨진 조각 쓸어 담는 내 옆구리를
쿡쿡 찌른다
과자 사먹게 용돈 주세요
오히려 당당하다면
아뿔싸, 내가 가짜였던가
내 세월이 모조품으로 여기까지 흘러왔던가
고사리 손을 내민 웃음이
엉거주춤 꺼낸 내 낡은 지갑 앞에서
방긋, 진품명품이구나

뒷북치는 소리

어느 공단에서 염소*가 달아났다는 뉴스를 보며
마음의 사냥총을 곰곰 장전한다
그녀가 마침 샤워 중이라
꼭 잡아야 할 저 안전 불감증!
세금(稅金)의 이름으로 방아쇠를 탕탕 당기지만
세금의 하수인들은 또 뒷북을 친다
둥둥, 뒷북치는 소리에 놀랐는지 그녀가
어머나! 수건을 바닥에 떨어뜨리고
불감증을 사냥 못한 내 앞에서 무엇이든 아껴온
잘록한 허리로 빤히 나를 바라본다
오늘밤 뿔 달린 수컷 염소가 되어줄래요?

---

* 염소(Cl): 할로겐원소의 하나, 독극물.

세월이 주는 축복

안식구 얼굴이 젊어 보인다며
눈이 침침해진 친구는 안과 병원에 안 간다
돋보기도 안 쓴단다

그렇구나

귀가 침침해진 나도 덩달아 병원에 안 간다
온 집안을 잔소리 대신 날아다니는
오, 나비처럼 조용한 아내 입술

천국의 나날이 이러하리라

작은 집에서 받는 선물

옷과 식사를 챙겨주는 가사도우미가 있고
팔짱을 끼고 안식구가 내다보는 정원엔
꽃나무를 가꾸는 정원사가 따로 있다며
큰집에 사는 친구는
만날 때마다 한숨을 내쉰다

작은 집에 사는 나는
작은 창문으로 들어오는 햇빛 한 줌의 감정과
창가 화분에 물을 줄 때 꽃이 부르는 노래를
친구에게 선물로 준다

커피 두 잔을 끓이는 아내
달랑 앞치마만 두른 아침의 뒷모습은
친구에게 선물하거나 보여줄 수 없는
아슬아슬한 풍경이다

내 오른손이 아침마다 공손해진다

닭띠와 뱀띠

아내와 식당에 마주앉는 초복 중복 말복 날
삼계탕 둘 주세요!
합법적으로 주문을 한다

술 따르는 노래방엔 절대로 가지 말아요
돈도 안 되는 시(詩)하고 노느니 창문 좀 닦아요
잠 안 잘 거예요? 꼬꼬댁 꼬꼬댁
지금껏 들어온 닭띠의 잔소리를 뼈까지 빨고
국물까지 다 마시는 나는 뱀띠다
밤이 되면 닭둥우리에서 잠을 자야 한다

수탉 꿈을 꾸는지 아내가 푸드덕거리며 웃는 밤
몰래 알을 훔친 나는
혀가 길어도 늘 조용한 꽃뱀하고 논다

쑥

쑥쑥 자라지만
자랑하지 않는 내 이름은
쑥이에요
쫄깃하고 맛있게
쑥떡 드시더니
쑥덕거리는 당신
남 흉보시는
당신 마음 한가운데
말없이 뜨거운
쑥뜸을 올려놓으세요

강물의 노래

엄마가 서 있는 개수대 아래에서
강물은 시작되는 거래요
유치원 선생님한테 오늘 배웠어요

조약돌 같은 마음을 모아 강물에게 내주면
봄비인 듯 돌아오는 다슬기들

아빠와 낮잠을 자는 여름방학, 달콤한
강가의 오후 두 시에
자랑스러운 엄마 앞치마는 둥실 떠올라
꿈을 들여다보는 뭉게구름이 되는 거래요

첫눈

머리 염색한 할머니는 창밖을 내다보며
배시시 웃고 있고
눈치 빠른 푸들 삼촌은 창가에 서서
하얀 꼬리 흔드네
보행기 안에 속절없이 갇힌 나는
묵은 세월을 두 발로 굴리고 굴리고
내 첫 생일날 손님이 될 곰 인형은
바느질 당하는 아픔을 견디며 사네
붙박이 세월은 그래서 구르고 구르고
젖 먹는 내 덕분에 분유 값을 몰라도 되는
알뜰한 엄마
시장에서 사올 첫 겨울이 몹시 궁금했는데

아빠가 입을 하얀 잠바는 펑펑 두텁고
할머니 내복에는 나비가 있네

제4부

밭농사, 글 농사

아직도 나는 농사가 서툴다
모종을 하고
그 곁에 폭풍과 맞설 지지대를 세워주지만
어느 날 알게 된다
지지대를 감아 오르던 넝쿨 끝이 어느새
허공을 꼭 붙들고 있는 것이다
지지대 하나를 더 이어주는 내 마음도
아찔한 높이에서 벌벌 떤다
지금껏 남에게 들이대며 살아온 내 삶의 잣대
그리고 사랑의 잣대
후회할 만큼 짧았고
우스꽝스러울 만큼 너무나 길었다

모든 농사는 겸손하게 내린 뿌리만큼만
열매를 내주는 거였다

휴전선역엔 낮달이 떠 있다

요람에서 잠든 손자와 달에 오른다
와! 저것은 바다가 있는 푸른 지구다
와! 저것은 냄새가 안 나는 별똥별이다, 소리치다가
"할아버지, 나 똥 쌌어요"
급한 김에 달에 있는 국기를 접어
기저귀로 채워준 게 여러 번
천체망원경으로 들킨 게 여러 번이다
들킬 때마다 허리를 숙여
"한 아이를 키우기 위해 이제는 온 우주가 필요합니다"
혀 짧은 영어로 사과하는 재미,
열차를 타고 우리말이 통하는 평양으로 달려가는 것이다
대동강변 식당에서 쨍그랑 접시를 떨어뜨려도
"미안합니다!" 우리말로 사과하는 재미
돌아올 때 들르는 휴전선역 건물은
손자와 세어보아도 38층이 맞다
통일박물관, 우리 풍습을 파는 찻집
층층 매장을 오르면
38층 전망대 하늘에 떠 있는 둥근 낮달

“기저귀 실은 우주선을 기다리는 거란다”
손자 손잡고 다음 열차를 기다리는 쏠쏠한 재미

고추 모종들

어린 모종들이 헌 트럭에 올라
오일장 곳곳을 누비고 다닌다
천막 끝 게으른 그늘에서도
쉽사리 드러나는 갈증
한 그릇의 국수를 후루룩 비워내는 동안에도
서풍을 견디며 애틋하게 하늘거린다
흥정하던 발걸음이 하나둘씩 멀어지지만
떨이는 될 수 없다며
다시 헌 트럭에 오르는 어스름 저녁
반겨주는 흙이 우리들 고향이야
봄비를 내다보며
웃자란 어깨를 서로 기댄다

넉넉한 주말

주말에만 오는 손자
월, 화, 수, 목, 금요일을 기다렸다가
기저귀 안에서 별똥별을 훔치는데
며느리가 쪼르르 달려온다
어머머, 아버님 제 거예요!

품에 안고 내려다보며
젖 먹이는 며느리의 잔잔한 미소에서
어디쯤 먼 별
직녀별이 반짝이는 것 같다

코로나가 보낸 편지

어떤 백신보다도 사랑이 더 무서운 우리는
모여서 마스크를 벗는 이단종교의 말씀 또한
고마운 정거장이지
베어져 사라지는 숲만큼
바다에 버려지는 쓰레기더미만큼 공중에 쌓이는
맛깔스런 이기심
그리고 농익은 거짓말들

사라질 수 없어, 주소가 없어 몸을 바꾸는 우리는
배려와 사랑이 무서운 수수께끼야
약속처럼 이어져 달리는 전철
둘이면서 하나로 열리는 창문들
아침에 다가오는 어제 얼굴들이 무섭지
젖 먹는 아기 웃음은 장미꽃 한 송이도 얼씬 못하는
먼 곳으로
우리를 달아나게 해

사랑을 이길 수 없어 달아나는 거야

몸을 바꾸며 영영 떠도는 것은 숲을 잃은 우리 몫이니까
사라진 숲이 고향이니까

산부인과 병원엔 영안실이 없다

첫사랑이 보낸 이별 문자 안에서 톡 떨어지기도 한다는
엄지 크기의 죄의식, 그러니까 실수 크기의
태아 혼령들, 하늘자리 더듬어 이따금씩 데려오면
제 이름이 갖고 싶은지
인형 같은 눈 글썽거린다
저승 꽃밭 위를 투명한 날갯짓으로 날아다닌다는
그토록 작은 이야기 들어줄
페미돔 닮은 귀 하나가 주변엔 없는 것이다
딩동
딩동
연인들이 눌러대는 초인종 소리를 들으며
이승을 홀로 떠날 때
배내옷 없어 걸치는 햇빛이 너무나 헐겁다는 것을
광활 속 글썽거리며
이승을 방문할 때 걸치는 달빛이 그리움만큼 차갑다는 것을
산부인과 병원 밖
서리꽃 반짝이는 그 밤에 알았다

터키 램프 환영식

성냥팔이 소녀가 다가와 심지에 불을 붙이자
환영식은 시작되었지
램프 불빛 곁에 아리랑이 흐르고
자신을 한국으로 데려온 여자 시인*은 이 자리에 없지만
많이 고마워한다는 터키 램프의 그 한 마디가
다른 램프들 눈시울이 붉어지도록 울먹거렸지
한 지붕 아래로 데려온 그 여자 시인을 다시 만날 거라고
비행기 안에서 그토록 가까웠을 마음을 다시 볼 수 있을 거라고
터키 램프를 향해 나는
터키 문양이 그려진 술잔을 여러 번 높이 들었지
성냥팔이 소녀는 떠날 때 팔지 못한 성냥 한 바구니를
성탄절 선물이라며 남겼고
페이지가 여럿 찢겨나간 유년의 동화 속
성냥팔이 소녀를 기억하며 창밖에 내리는 어린 눈송이들은
징글벨, 징글벨
어른들 도시를 하얗게 지우며 자정을 건넜지

---

*터키에서 사온 램프를 나에게 선물한 이정윤 시인.

인자한 비밀조직

총알처럼 아이 유괴범을 뒤쫓는 우리 비밀조직은
방방곡곡 지구촌 곳곳에 있어
포획한 유괴범의 양 손목을 먼저 지워버리지
왼쪽 눈알을 오른쪽 눈이 보게 하지

땀 흘리면 가질 수 있는 것들이 세상 어디든 흔한데
어째서, 감히 아이의 몸과 영혼을 훔친 죄
그런 짐승을 교도소에 두는 건 평생 치욕이니까
평생 감내해야 할 짐승의 이름이니까

거리에서 필연처럼 스치는 하얀 머릿결
전철을 공짜로 타는 그 '인자한 웃음'이
천 명이 넘는 우리 비밀조직의 암호야

첫 손자가 태어나고 미래를 담보로 조직원이 된 날
큰 잔에 따라주는 독한 술을 단숨에 들이켰지
술안주로 꺼낸 유괴범 췌장을 질겅질겅 오래 씹은 건
분노가 더 질겼기 때문이야

나머지 몸뚱이를 불 속으로 던진 것은 아이 울음소리가
하늘에서 들려왔기 때문이지, 환청처럼
아니지 어떤 명령처럼
꽃 흐드러져 향기로운 오월, 오후 두 시에

무릉도원 만들기

그리움인 양 밥을 짓는다
옆 산에서 캔 더덕을
고추장에 버무리면
뻐꾸기가 날아와 밥그릇 안에
뻐꾹뻐꾹 오늘을 낳는다

청춘은 꿈이 아프고
늙으면 욕심이 아프다 했던가

배부르니 구름 위에 올라
잠시 낮잠을 자는 동안
선녀 볼처럼 발그레
비탈밭 천도복숭아가 익는다

난 배추예요

뱃살 빼시려고 당신은
다이어트 하시나요?

나는 속을 꽉 채우려고
가슴께를 짚으로 꽁꽁 묶었어요

덜 익은 당신 세월은
올해도 김장을 하실 거죠?
먼 바다에서 온 소금물에
하루쯤 담가 저를 죽이세요

아삭아삭 드시고
출렁대는 뱃살 빼세요

로즈 힙만 남았다

장미꽃은 재판정에 나오지 않았지만
판사는 사내에게 유죄 판결을 내렸다

장미를 심고 물을 주어 기른 죄
아침저녁 만지고 바라본 죄
꽃잎 사이에 콘돔도 안 쓴 코를 들이대고
이슬을 떨어뜨린 죄

바람 불어 소문이 덜컹대는 밤
흐드러진 작약꽃들이 로즈 힙 곁에서 me—too를 외친다
귀를 막은 사내가 혼자서 덜컹거린다

농막 전기밥솥

술 취한 시인들이 농막을 떠나자
농막 구석 전기밥솥은 기다렸다는 듯
날씬한 외로움이 된다
밥 짓는 허리를 뒤에서 껴안자
어머머, 앞치마 끈을 풀면 어떡해요
윤기 흐르는 목소리가 마지막 속옷 같다

맛, 있, 게, 드, 세, 요
밥알 한 알도 허투루 버리지 말고
밭에 오는 새들에게 주세요
눈이 내리면 더 자주 그래야 해요

밥 세 끼를 챙기라는 그녀 목소리를
수북하게 담은 아침,
창밖 눈발 사이로
한 순갈 분량의 지저귐이 내려앉는다

나처럼 사세요

출장 가면서 며느리가 맡긴 손자
업어주는 아내가 연신 달력을 보지만
기저귀 들춰보는 내 눈앞에는
공항 면세점이 아른거린다
아버님 선물로 양주 한 병 사올게요
알뜰살뜰한 그 선물을 낮에 한 잔
달밤에 아내 몰래 두 잔
친구가 오면 자랑하며 따라 줘야 할 텐데
양손에 우윳병을 거머쥔 손자
벌컥벌컥 단숨에 다 마신다
—행복은 한 모금을 남기는 게 아니에요
—제발 나처럼 사세요
의기양양 품에 안긴다

청춘의 땀방울은 보석이 되는 거야

농사를 땀 흘려 잘 지었다고
이제는 추수해도 되겠다고
고추잠자리가 공중을 빙빙 맴돌며 정찰비행을 한다
눈치를 챈 고추들이 더, 더, 빨개진다

청와대 국회의사당
법원 청사까지 다 둘러보았지만
그 귀한 땀 냄새가 없었노라고
지나가던 바람은 그야말로 한숨을 내쉰다

"젊은 날 땀방울은 결국 보석이 되는 거야"
바람은 올가을에도 고추 따는 내 이마에서
한 방울씩 두 방울씩
사막 기억을 얻어간다

봄날의 기도

오늘 심는 나무 한 그루
뿌리는 씨앗 한 줌이
내 것이 아닌
아이들 꽃이 되게 하소서
열매를 거두는 아이들이
내가 없을 가을날에도
파릇파릇 웃게 하소서

제5부

텃밭 학교

텃밭은
가까이에서 인내를 가르치는 교과서

거짓이 거짓을 감추는 세상에서
콩 심은 데 콩 나고
팥 심은 데 팥 나는 진실이 있다

비바람이 선생님이다

벌과 나비가 좋아하는
땀내 나는 꽃봉오리

공부 안 하는 잡초는 퇴학당한다

11월의 아이

교실엔 이제 아이와 감독관만 남았다
한 치 앞도 헤아릴 수 없는 문제들의 숲속에선 믿을 게 하나도 없다
시험지 밖, 운동장 안을 들여다보고 있을 부모의 눈빛만이아, 의식이 흐려진다
어린 시절 꿈의 위치들이 흔들리고
세상 저쪽의 어린이날, 학예회, 생의 몇 번째 기억이었을어느 봄날의
수수께끼 같은 웃음들이 문제들의 바닥으로 굴러떨어진다
어릴 적 능히 만들던 궁전도
낡은 동화책에서 꺼내어 자랑했던 마법의 왕관도
함수의 논리 앞에서 가물가물 멀어지고 있다
어둠을 싫어하는 또래를 위해 만든 태양도 공 크기였던 것처럼
건조한 별들의 학습을 위해 발명한 구름도 윗주머니에 담고 다니지 않았던가
꿈은 갔다, 낙원을 버리고서 택한 이 오래된 단말마
낙오되지 말아야 된다고

좀 더 나은 화려한 안쪽에서 살아야 한다고
시험지의 오답을 피해 서성거리는 판단력의 일부가 유년의 꽃 그림자 속으로 숨는다
이대로 영영 시험지 밖으로 나서지 않을 수 있다면
이대로 영영 꿈의 미완 속에 머물 수 있다면
시험지 앞에 모은 손끝이 빠르게 흐려지고
어느덧 교문 밖으로 흘러나가는 아이의 미래가 수능 추위 속에서 파랗게 질린다

대한등(大韓燈)

폐허 위에서 희망이 두리번거리던 시절
쌀 한 가마니 값나가는 세발자전거 대신
아버지가 사다 주신 오일램프 이름은 대한등(大韓燈)
초가 마을을 한 바퀴 돌아
제목 뜯겨나간 책들을 빌려와야 했지
배고픈 희망으로 아랫목에 엎드려
아라비안나이트를 새벽 오도록 읽고
어른이 되어 찾아간 이라크에서 땀을 내주고
집 한 채를 가져오게 한 유년의 대한등
등갓에 붙은 '大韓燈' 상표는 희미해지고
투명한 유리 등피에서 USA 글씨가 침묵하지만
너는 혼혈아가 아니다
코로나에 지친 지구촌을 비추는 희망
꽃처럼 가꾸며
두고두고 물려줘야 할 오늘 불빛이다

여름밤 소꿉놀이

들마루에 앉아 차를 마시면
마주앉는 초승달
근엄한 하느님 몰래
재미난 하느님을 함께 낳자며
발랑 드러눕는다
저리 뒹굴 이리 뒹굴
왱왱, 모기가 날아와
점점 둥글어지는 내 아랫배를
따끔 물었는데
안녕, 안녕, 달아나는 초승달
재미있다는 듯 저 혼자서
하늘 긁는 소리를 낸다

어린이날 헬리콥터

손자에게 선물한 장난감 헬리콥터가 날아간다
깜장고무신 신은 코흘리개 병사를 데려와 식탁에 앉혀야 한다고
옛집이 폭격 맞아 남의 집 문간방에서 태어난 유년의 나를 데리러 날아간다
젖먹이 때 끝난 6·25는 바삭바삭한 건빵 맛이었지
나무로 만든 기관총을 들고 입 총알을 쏘아대며
돌격 앞으로!
어머니, 이담에 크면 훌륭한 군인이 될게요 송아지 사서 동생들 풀밭 위에 매어주시고
논도 장만하세요
건너 마을엔 또 전사통지가 날아왔다는구나
어머니 바느질을 비추는 등유 램프처럼 시린 가슴으로 들어왔던 월남전
입대하자마자 머나먼 정글의 헬리콥터는 날개를 접고
반쪽짜리 평화만 남겨졌지
꺾은 찔레 순을 전투식량으로 깨물며 북진통일을 외쳤던 민둥산을 향해

내 피가 되지 못해 흐드러진 장미꽃을 싣고
늙은 하늘을 날아간다

바닷가 술집

공원 벤치에 앉아 서유기를 다시 읽고 있으면
구름 위에서 떨어지는 술집 초대장
북회귀선에서 온 헨리 밀러와 성춘향이가
잘그랑 술잔을 부딪는 곳이다
아무리 마셔도 술집 주인 손오공은 술값을 받지 않는다
오늘도 저 아래 거리에서 벌이는 음주단속을 비웃으며
취한 고객을 구름에 태워 집까지 데려다준다
여의봉 휘둘러 만든 귀이개를 여의도 국회의사당과
정부 청사에 독점 납품한다는 이야기는
얼마나 귀가 시원해지는 술안주인가
알람이 울어대는 새벽녘에 술집은 문을 닫지만
공원 벤치에 앉아 지갑을 자주 열어보는
나 같은 가난뱅이 시인이라면
구름 위에서 떨어지는 술집 초대장을 대낮에 읽어도 된다
밤새도록 술과 안주가 무제한 공짜
첫사랑이 속옷 차림으로 대기 중

지저귀는 젖가슴

이삭 한 톨 남기지 않은 가을 들녘에
홀로 서 있는 허수처녀
팔을 벌린 낡은 저고리 안에
참새들이 튼 둥지가 둘
봉긋하고 따스하다

포르릉 짹짹
포르릉 짹짹

촛불과 태극기로 갈라진 광장을 향해
묻고 있다

사람들아
그대들 가슴엔 어떤 내일이
어떤 희망이
하나 되어 지저귀고 있느냐

달밤 교수형

개표방송이 시작되자
광장 한가운데서 흔들리는 달빛 올가미
거식증을 택한 이유가 광장의 마지막 체중계에 올라
부르르 눈금으로 확인된다
편을 갈라 구경하는 군중들의 야유마저 비육해온 나라
나뭇가지처럼 야윈 신혼 남녀를 하나로 묶어
달빛 교수대에 세운다
“당신은 그쪽 날개, 나는 이쪽 날개
우리의 두 몸은 한 마리 새가 되는 건가요?”
험악한 월세에 쫓기며 주말을 꿈꾸고
선거공약으로 요란했던 아나콘다와
양식한 향유고래를 사 먹지 못한 죄
둥둥, 집행을 알리는 북소리가 먼 달을 흔든다
달빛 올가미에 대롱대롱 매달려 부르는 아기 이름은
작은 전, 세, 아, 파, 트
개표방송 막바지에 꽃다발과 함성은 달아오르는데
광장을 날아오르는 새 한 마리에겐
저 달이 둥지였던가

깃털인 듯 떨어져 또 한 번의 그믐으로 가야 하는
저 높은 눈물방울

푸르른 나날

손자들이 몰려와
영차 영차
긴 호스를 끌며 물을 뿌린다

배추밭은 흠뻑 젖지도 않았는데
내 지갑에선 또
시퍼런 배춧잎이 나오고

나란히 등장한 아이스크림 앞에서
따갑던 햇살이 살살 녹는다

입술을 꿰매다

막장드라마를 즐겨보는 아내가
구멍 난 양말들을 죄다 내다버리고
새로 사온 양말을 내밉니다
어느 장례식장에서 밤새우며 생긴
눈물만 한 구멍
어느 결혼식장에서 양복바지에 생긴
술잔만 한 구멍
어머니는 한 땀 한 땀 기워 주셨는데
황혼이혼 드라마에 푹 빠진 아내는
바늘과 실을 아예 잊은 것 같습니다
시절이 변했으니 꾹꾹 참고 살아야지
눈발 동행한 겨울바람이 창문을 흔드는데
이 세월은 쉿, 쉿
내 입술을 꿰매고 있습니다

사막에 내리는 눈

출근길에 마주친 이국의 노동자
눈송이는 처음 만져보는 거라고, 희한하고 달콤하다고
덜 깬 아침잠을 털며 나를 향해 웃는다
열대의 손바닥과 흰 치아를 드러낸 채
낯선 풍경을 받아내느라 아침이 바쁘다
한 떼의 눈발이 뭉그적거리며 기어드는 버스정류장
이가 잘 맞지 않는 출근의 표정들이
기다림의 자음과 모음을 맞추느라 동동거리고 있다
나도 한때 중동의 모래바람 앞에서 속수무책일 때가 있었지
모래들은 하얗거나 차디찬 감촉이 아니었지만
이국의 언어는 뜨겁기만 했지
열사(熱砂)에서의 나의 하루는
막사와 건설 현장 사이 환영(幻影)이 전부 아니었던가
고국의 눈[雪]과는 다른,
한번 삼키면 악몽이 되고야 마는 희뿌연 무게 속에서
내 안의 타액들은 잡히지 않는 그리움처럼
쉽사리 삼켜지지 않았지

눈 내리는 아침, 흰 눈에 웃고 있는 열대의 이방인 앞에서
중동의 사막도 내 안의 행방도 모두 놓친 채
언제 도착할지 모를 출근버스를 기다린다

운수암 상수리나무

산문 밖 주차장을 서성거리며
상수리나무에게 이야기를 듣습니다
다람쥐가 깜빡 끼니를 잊어
모아둔 도토리 한 알에서 싹이 돋고
우듬지로 자라나 하늘에 닿았다는
높다란 이야기를 듣습니다
아이들이 기다리는 속세로 돌아가자며
공양 마친 아내가 산문을 나오면
망각도 인연이 될 수 있다는 깨달음에
마음이 환해지는 초파일
바람이 불어와 알 것 같습니다
흔들리는 잎잎이 또다시 가을로 가는
초록빛 연등(燃燈)입니다

국밥집 놋쇠젓가락

한 바구니에 수북이 담긴 우리는
애당초엔 짝이 있던 몸이야
짝 갈라져 버려지는 일회용 나무젓가락들은
이 오래된 사연을 모르지
진열장에 갇혀 우아한 금수저들은
더더욱 모르지
꽃보다 인정이 붐비는 오일장날
보릿고개 겪은 노인들은 추억을 드시러
단골로 오시고
장미꽃을 산 중년 사내는
장터국밥 앞에 놓이는 우리를 부러워하지
엇비슷해서 너도나도 짝을 바꾸는
짜릿한 스와핑을

금단(禁斷)

허공을 걷는 듯한 오후 세 시
딱 한 모금 생각이 뭉게뭉게 피어오른다
모니터 밖으로 튀어나온 미결제 서류들 앞에서
고과점수가 숙주로 번식 중이다
19층 화장실에 숨어
입술로 후후 연기 내뿜는 시늉을 한다
뱃속에서 찌르륵 찌르륵 새가 운다
언제쯤 애인을 만나 결혼에 중독될 수 있을까
무지근한 달거리 같은 야근의 징후와
엄마 병원비 걱정이 봉긋한 이름표에 새겨져 있다
몇 번이고 덧그린 신입사원의 미소가
창백한 거울 속에 웅크리고 있다

해설

자연의 유인력 혹은 시간의 닻
—유병만론

진순애 문학평론가

1. 순환하는 시간의 닻

삶은 시간을 사는 일이라고 정의하자. 우리는 봄, 여름, 가을, 겨울로 계절을 살고, 일 년, 이 년, 십 년으로 세월을 살며, 아침, 점심, 저녁으로 하루를 산다. 이와 같은 시간의 언어들이 혹은 시간의 구조가 반복되면서 순환하는 것이 인간의 삶이다. 흔히 사계절을 인생주기에 비유하듯이 시간을 사는 삶이란 엄밀히 말하면 자연 내지는 계절을 사는 일이다. 봄, 여름, 가을, 겨울, 봄……의 순환처럼 삶은 그리고 인생은 돌고 돌아 제자리로 온다. 겨울이 봄을 잉태하고 있듯이 인간의 몸은 겨울처럼 노쇠해졌을지라도 사고력은 그에 반비례하여 동심으로 회귀한다.

과거, 현재, 미래로, 곧 미래로 향하면서 과거를 지우고 선조적으로 흐르는 문명의 시간과는 달리 삶의 시간은 혹은 인간의 실존태는 시간을 반복적으로 순환하면서 현재를 사는 데 그 키가 있다. 과거와 미래는 현재가 있어서 존재하는 시간인 까닭에 현재의 실존태는 과거라는 시간의 양과 비례관계에 있다고 할 수 있다. 그것이 연륜이라는 시간이 쌓은 탑이자 시간이 내려앉은 닻의 현재이다. 현재는 시간의 닻이 통합적으로 내려앉아 있는 시간대로, 과거와의 관계는 회귀의식 혹은 추억 등으로 맺게 된다.

그중에서도 동심의 시선이 유병만의 시집 전체를 관통하고 있는데, 이는 유병만의 시간의 닻이 동심으로 회귀한 까닭에 있을 것이다. 동심으로의 회귀는 의식적이기보다는 무의식에서 비롯된 시간이 내려앉은 닻이리라. 이는 또한 연륜이라는 자연이 낳은 시간의 닻에 따라서 동심의 세계에 이른 것이며, 자연의 시간이 지배하는 우주의 틀에서 자유로울 수 없는 생명체의 존재성을 방증한다. 이렇듯 순환하면서 쌓여가는 시간은 혹은 연륜은 세상을 통찰하고 삶을 성찰하는 시의 방식으로 유병만의 시세계를 좌우하는 닻으로 작용하고 있어서 그만의 특장을 이룬다. 시간이 낳은 통찰력과 성찰의 언어 및 의식으로 점철된 유병만의 시들은 그의 연륜에서 비롯된 탑이자 닻인 것이다.

2. 자연의 유인력

날마다 시 한 편씩 쓰고
해마다 시집을 서너 권씩 내자고
앙다문 새해 결심은 꽃에 홀려
봄날을 낭비하고
아이들 무지개를 덧칠해주다가
여름날을 낭비하고
이것도 빛깔이 있는 문장이구나
단풍잎을 주워 읽는 가을,
어느새 첫 눈송이 흩날려 가슴은
쿵쿵 뛰는데
다시 보니 어라? 어라?
팔랑대며 내려앉는 흰나비라네

—「십 년 동안 모은 핑계」 전문

'십 년 동안 모은 핑계'의 십 년은 사실적인 십 년이기보다는 시인으로서 유병만의 시간을, 혹은 그의 한평생을 은유하는 시간으로 보자. 곧 자연의 시간과 대척점에 있는 인위적이자 연륜에 대한 은유이다. "날마다 시 한 편씩 쓰고/해마다 시집을 서너 권씩 내자고/앙다문 새해 결심"은 시인으로서 그가 새해마다 반복하며 결심했던 자신만의 약속일 것이다. 그것은 해마다 순환하는 시간의 추이에 따라서 삶을 성찰하는 시의 방식으로 전환한다. 그러면서도 연륜의 성찰력은 자연 곧 계절의 힘에 통합되어 자연의 유인력에 함몰된다. 날마다 시 한 편씩 못 쓰고 해마다 시집을 서너 권씩 내자던 약속을 이행하지 못한 탓이 계절의 유혹에 있다는 핑계 아닌 핑계가 동심으로 치환된다. 연륜의 탑이 자연의 유혹 앞에서 동심 속으로 빠지고 마는 시간의 덫이다.

때문에 유병만은 '꽃에 홀려 봄날을 낭비하고, 아이들 무지개를 덧칠해주다가 여름날을 낭비하고, 단풍잎을 주워 읽는 가을을 지나, 어느새 첫 눈송이 흩날려 가슴은 쿵쿵 뛰는데도 팔랑대며 내려앉는 흰나비'가 되어 겨울에 이르렀다고 세월과 통합된 자연을 노래한다. 특히 첫 눈송이가 흰나비로 치환되는 연상은 자연의 초월성이자 동심의 초월성이다. 동심의 초월성은 자연의 그것과 다르지 않은 까닭이다. 하여, 유병만의 한평생이 도달한 지점은 계절이 순환하듯 자연과의 통합 속에서 동심으로 회귀하는 것이다.

곳간에 걸어두었다가
내년 봄에 씨 받을 거라고
아내가 큰 가지를 땄을 뿐인데
치마폭에 담았을 뿐인데

나팔꽃들이
알나리깔나리, 알나리깔나리
동네방네 소문을 낸다
눈으로 바라보아야 들려주는
꽃들의 소리
땄다 땄다 골라서 큰 가지를 땄다
울타리 위에서
저희들 나팔을 자랑 중이다

—「텃밭 나팔꽃」 전문

아침을 영광스럽게 열어주는 나팔꽃이 없는 여름은 인위적이다. 자연의 여름은 나팔꽃으로 아침을 열고 작열하는 태양의 여름을 드넓게 펼치는 영광의 닻이 본질이다. "울타리 위에서/저희들 나팔을 자랑"하는 나팔꽃과 함께하는 삶의 시간은 자연과 통합된 시간이며 탈자본의 시간이고 탈탐욕의 시간을 사는 일이다. 나팔꽃과 함께하는 여름은 태양이 주는 풍요로운 시간을 영위하는 순수와 평화의 시간인 것이다.

그럼에도 이와 같은 태양의 시간은 자연이 스스로 우리에게 찾아오듯 저절로 찾아오는 것이 아니라는 데 유병만의 세상을 향한 메시지가 남다르다. 나팔꽃과 함께하는 아침의 영광은 인간이 "눈으로 바라보아야 들려주는/꽃들의 소리"가 되는 까닭이다. 인간의 주체적인 안목이 투여됐을 때 비로소

나팔꽃도 인간에게로 다가와 영광의 시간으로 살아난다는 유병만의 전언이 문명비판을 동반한다.

들녘은 땀을 알아준다는 농사꾼 친구에게
논에 꼬물대는 미꾸라지 필체를 빌린 나는
덩달아
농약이 없는 글을 써본다

모내기로 파릇한 느낌표들 사이로
청개구리 참개구리 금개구리 모여 개골개골
짝을 부르고
느릿느릿 쉼표가 된 우렁이가
새참 때의 여백을 묻는다

무당벌레 곁에서 가득하고 갸륵해지는
풀벌레 노래를 따라 마침표는 가을 해였다
풀썩풀썩 바빠지는 메뚜기들만큼

해마다 애독자는 늘고 있다
아이들이 찾아와 들녘을 펼쳐 웃고 훨훨
학이 날아와 서로를 읽는다

—「함께 가는 들녘」 전문

“해마다 애독자는 늘고 있다/아이들이 찾아와 들녘을 펼쳐 웃고 훨훨/학이 날아와 서로를 읽는다”는 성찰적 자아가 돋보이는 대목이다. 개구리가 모여 사는 모내기한 논에는 우렁이도 동참하여 만물이 ‘함께 가는 들녘’을 만들어낸다. 어디 이뿐이랴. 거기에는 무당벌레도 풀벌레도 메뚜기도 아이들도 학조차 날아와 모두 한철이라고 웃으며 자연을, 계절을 합창한다.

“농막에 들어서자 웅크려 있던 어둠은 기어코 한마디 한다//“또 혼자서 먼 길을 달려온 거야? 쯧쯧쯧!/귀를 막고 살면 다 닳은 호미처럼 여생이 편할 텐데……”(「다 닳은 호미처럼」)의 ‘다 닳은 호미’가 연륜의 닻을 은유한다. ‘다 닳은 호미’는 연륜의 현재를 반추하는 성찰적 자아의 은유인 것이다. 호미가 다 닳듯이 인간의 육신도 시간의 지배 속에서 여기저기 닳아가며 쇠잔된다. 풀을 매는 데도 쓸모가 적을 다 닳은 호미처럼 인간의 육신도 연륜의 탑 속에서 쓸모가 소진됐을 터이나 성찰적 자아는 육신의 연륜과는 반비례적인 탈소유의 상태에 이른다. 이 또한 농막이 있는 자연공간과의 통합, 곧 자연의 유인력이 낳은 성찰이다.

3. 동심의 닻

머리 염색한 할머니는 창밖을 내다보며
배시시 웃고 있고
눈치 빠른 푸들 삼촌은 창가에 서서
하얀 꼬리 흔드네
보행기 안에 속절없이 갇힌 나는
묵은 세월을 두 발로 굴리고 굴리고
내 첫 생일날 손님이 될 곰 인형은
바느질 당하는 아픔을 견디며 사네
붙박이 세월은 그래서 구르고 구르고
젖 먹는 내 덕분에 분유 값을 몰라도 되는
알뜰한 엄마
시장에서 사올 첫 겨울이 몹시 궁금했는데

아빠가 입을 하얀 잠바는 펑펑 두텁고
할머니 내복에는 나비가 있네

—「첫눈」 전문

첫눈을 기다리는 마음, 특히 어른의 그것은 어른의 내면을 동심에 이르게 한다는 점에서 핍진한 현실을 초월하게 하는 보편적 매개로 작용한다. 할머니 내복에 그려진 나비의 초월성, 혹은 환상성처럼 흰 눈은 그리고 첫눈은 '바느질 당하며 아픔을 사는 붙박이 세월'을 벗어나게 하는 무한한 힘으로 인간세계를 작동시킨다. 그것은 자연이 야기한 무의식적 힘이며 초월의 힘이다. 첫눈이 초월적 동심으로 치환되어 묵은 세월이자 붙박이 세월을 벗어나도록 작용하는 것이다. 인간 삶의 출발선이 어린이, 곧 동심에 있듯이 순수를 상징하는 처음으로서 동심은 마찬가지로 순수를 매개하는 눈에 비유됨으로써 첫눈이 초월적 자연계로 인간세계를 유인한다.

역사적 지평과 초월적 지평을 오가는 것이 현재를 사는 인간의 실존태라고 할 때 초월의 세계로 유인하는 보편적 매개체로는 자연과 우주 혹은 신의 세계가 있을 것이다. 거기에 자연상태와 다르지 않은 동심의 세계를 더할 수 있다. 어른의 현실을 초월에 이르게 하는 매개가 동심이라는 것은 동심이 인간 삶의 출발선이자 인간 안에 내재한 순수의 출발선이라는 점에서 그것은 현대의 우리가 찾아야 하는 잃어버린 시간이다. 결국 인간의 삶은 종착역에 이르러 잃어버린 출발선으로 회귀한다는 점에서 인간의 존재태가 자연의 순환원리에서 자유로울 수 없음을 방증한다.

어른들이 미사일 꽁무니에 불을 붙일 때
지우개 없는 마음으로 우리는 호랑이를 그렸어요
허리에서 지뢰가 사라졌다며 기지개를 켜는
한반도라는 호랑이지요

남쪽 바다 멀리 꼬리 끝을 내밀었듯
동쪽 바다에 내민 바위섬이야말로 내 발톱이라고
이웃나라 벚꽃이 건드리면 으르렁거려요
노란 모자를 쓴 우리들이 남과 북을 오가며
손잡고 아리랑을 부르면
아침저녁 타고 내리는 노란 버스는 정말이지
길고 긴 아리랑열차가 되는 거예요
북극곰을 만나러 여름방학 때 달려가고
망고 익는 열대나라에서 철길 위로 달려오면
눈송이 날려 마중하는 호랑이지요
귀를 기울여 들어보세요
지구촌을 마음껏 오가는 아이들이 무궁화라며
어흥, 어흥, 사계절을 웃고 있어요

—「독도는 호랑이 발톱이에요」 전문

위의 인용 시에서는 '독도는 호랑이 발톱'이라는 비유가 '한반도는 호랑이'로 확장하게 한다. 혹은 역으로 '한반도는 호랑이'라는 오래된 비유가 '독도는 호랑이 발톱'이라는 점을 포괄하고 있다. 분단된 한반도에서 "어른들이 미사일 꽁무니에 불을 붙일 때", 아이들은 "지우개 없는 마음으로 우리들은 호랑이를 그"린다. 이런 대립적 대응이 "허리에서 지뢰가 사라졌다며 기지개를 켜는", 곧 분단의 38선을 삭제한 호랑이 그림은 지뢰로 상징되는 전쟁의 기운을 기지개를 켜듯 가볍게 한반도에서 사라지게 하는 힘으로까지 작용한다. 그 기지개는 분단된 한반도의 현실을 통일된 한반도로 초월시키는 힘으로 작용하는 동심을 은유한다. "동쪽 바다에 내민 바위섬이야말로 내 발톱이라고/이웃나라 벚꽃이 건드리면 으르렁거려요"라고, 어른들이 야기한 현실에 대한 비유가 "노란 모자를 쓴 우리들이 남과 북을 오가며/손잡고 아리랑을 부르"는 행위로 발전하고 초월적 동요와 대비되면서 방향을 통일로 틀어놓는다. 이는 어린이들의 세계에서 통일은 동요처럼 가볍게 온다는 초월성을 환기시키는 동심의 세계이다. 남북을 관통하는 아리랑 열차도 남북이 무장한 정전상태의 분단된 한반도 현실을 가볍게 통일에 이르게 한다. 통일은 멀리 있는 것이 아니라는 가벼움의 시학이다. "지구촌을 마음껏 오가는 아이들"에 이르러 분단된 한반도에서 허리에 찼던 지뢰도 사라지고 출입불가 혹은 왕래불가라고 금 그어진 38선도 소멸된다. 동심은 어른들이 야기한 무거운 현실을 가벼운 바람처럼 꿈과 희망의 세계로 초월시키는 힘으로 작동하여 역사적 지평을 초월적 지평으로 승화시킨다.

> 뻐끔뻐끔 노을을 받아먹어도 미꾸라지인 내 몸에는
> 금빛 비늘이 돋지 않아요, 엄마
> 그런데도 왜

금붕어 동상이 서 있는 어항 속 학교에 다녀야 하나요?

강물을 헤엄치며 1미터 넘게 자라는 코이(Koi) 잉어는
작은 어항 안에 갇히면 평생 2센티미터만 큰다는데
학원 앞에서 기다렸다가 노을을 먹이는
날씬한 엄마, 꿈속에 들어와 아귀가 되는 금붕어 선생님
들을

영영, 여기

풀숲 웅덩이에서 잊을 거예요, 온몸으로 흙탕물을 일으
켜
참붕어 소금쟁이 방게에게 내가 누구인지 알렸어요
맑고 거친 물살을 헤엄쳐 오르며
내 노래와 꿈을 내 지느러미로 고를게요 엄마
금붕어 학교 선생님은 반딧불이
늘 금붕어가 정답인 숙제들아 안녕, 안녕

—「금붕어 학교야, 안녕」 전문

어린이가 살아가야 하는 세상은 결국 어른들이 만들어놓은 세상이다. 어른들이 만들어놓은 세상에서 교육받으며 살아가야만 하는 어린이는 현실계의 타자나 다름없다. 때문에 "뻐

끔뻐끔 노을을 받아먹어도 미꾸라지인 내 몸에는/금빛 비늘이 돋지 않아요, 엄마/그런데도 왜/금붕어 동상이 서 있는 어항 속 학교에 다녀야 하나요?"라고, 미꾸라지 어린이가 엄마에게 의문을 제기하는 것에서 타자의 존재성이 부상한다. 자율권을 행사할 수 없는 어린이들은 학교 또한 어른들이 선택해준 데를 가야만 하듯 금붕어 학교에 다녀야 하는 미꾸라지의 항의가 타자로서의 그것을 가름한다.

"온몸으로 흙탕물을 일으켜/참붕어 소금쟁이 방게에게 내가 누구인지 알렸어요/맑고 거친 물살을 헤엄쳐 오르며/내 노래와 꿈을 내 지느러미로 고를게요"처럼 자신이 누구임을 당당히 알리면서 자아를 자각할 때 타자는 현실의 지평에 참여하게 되고 주체로 탈바꿈하는 노정에 이르리라. 금붕어는 금붕어답게, 잉어는 잉어답게, 미꾸라지는 미꾸라지답게 살아가야 만하는 것이 자연의 순리이듯 지구상의 생명체들은 그들만의 원리대로 살아야 할 권리가 있다는 풍자가 현실의 지평을 은유한다. 물고기 세계에서 "늘 금붕어가 정답"일 수는 없다. 정답은 여러 개다. 잉어도 미꾸라지도 금붕어도 자연 만물은 각각이 각각의 정답을 내재하고 있다. 그럼에도 그러하지 못한 현실을 미꾸라지 시선으로 풍자함으로써 유병만은 시의 지평을 새롭게 열고 있다. 사물의 의인화는 만물을 통합하는 동심의 세계와 일체인 것이다.

문학의전당 시인선 348

금붕어 학교 선생님은 반딧불이

ⓒ 유병만

초판 1쇄 인쇄 2022년 3월 7일
초판 1쇄 발행 2022년 3월 14일
지은이 유병만
펴낸이 고영
디자인 헤이존
펴낸곳 문학의전당
출판등록 제448-251002012000043호
주소 충북 단양군 적성면 도곡파랑로 178
전화 043-421-1977
전자우편 sbpoem@naver.com

ISBN 979-11-5896-544-0 03810

*이 시집은 평택문인협회에서 출판 비용 일부를 지원받아 제작되었습니다.